Dictionnaire galant pour plaire aux dames
et faire semblant d'être cultivé

François Lavergne

L'auteur de ce livre n'a pas toujours pensé comme aujourd'hui. Il a longtemps erré dans la corruption contemporaine, y prenant sa part de faute et d'ignorance. Des chagrins très mérités l'ont depuis averti, et Dieu lui a fait la grâce de comprendre l'avertissement. Il s'est prosterné devant l'Autel longtemps méconnu.

Dictionnaire galant pour plaire aux dames et faire semblant d'être cultivé.

Nicotine : l'acétylcholine se connecte aux neurones cholinergiques qui stimulent ceux qui produisent la dopamine (dopaminergiques) mais aussi ceux qui stimulent les neurones glutamatergiques source de dopamine et bien-être. La nicotine étrangère au cerveau fait de même et se fixe sur les récepteurs de l'acétylcholine à la surface des neurones présynaptique. La synapse (du grec óýíáøéò / prononcer « synapsis », contact, point de jonction, est une zone de contact fonctionnelle qui s'établit entre deux neurones, ou entre un neurone et une autre cellule (cellules musculaires, récepteurs sensoriels…). Elle assure la conversion d'un potentiel d'action déclenché dans le neurone présynaptique en un signal dans la cellule postsynaptique. La nicotine permet de tenir en cas de traitement et maladie.

Le problème toxique relève du monoxyde de carbone mortel de la combustion (cigarette et autres). Retenez : nicotine oui, combustion, non.

Colonel (sorbet) : le colonel d'un régiment d'élite* du sultan aurait présenté à ce dernier une coupe de sorbet. Le sultan l'aurait dégustée et rendue à l'officier remplie de pièces d'or. *Janissaires : ordre militaire d'esclaves d'origine européenne initialement de confession chrétienne et convertis à l'islam. Les familles chrétiennes vaincues étaient tenues de livrer au minimum un garçon sur cinq formé en ce sens.

La Roche-Posay : pendant la guerre de Cent Ans, après la défaite de Nouaillé-Maupertuis en 1356 au sud de Poitiers, le roi de France Jean II le Bon est capturé et cède la forteresse de La Roche-Posay aux anglais vainqueurs. Il est emmené à Londres. Armé chevalier en 1357, Du Guesclin demeure fidèle à la cause du Dauphin – le futur Charles V. En 1369, Jean de Kerlouët (Jehan de Kaeranloet) lieutenant et écuyer de Du Guesclin alors commandant en chef des armées de Charles V et de retour d'Espagne reprend la cité aux anglais pendant la nuit et est nommé gouverneur de La Roche-Posay. Le cheval de Du Guesclin qui souffrait d'un eczéma sévère aurait plongé dans l'eau de la fontaine de la ville et en serait ressorti guéri. Retenez : Du Guesclin Bertrand, La Roche-Posay.

Camembert : le camembert doit sa création à un religieux sous la Révolution française. La tradition veut qu'un prêtre réfractaire pris refuge en 1793 auprès de Marie et Jacques Harel à Camembert. Marie et Jacques travaillaient à la ferme de Beaumoncel propriété de Jean Perrier. Jacques était laboureur et Marie s'occupait des vaches et de la laiterie-fromagerie. Le prêtre apprit à Marie Harel à fabriquer des fromages selon la technique du fromage de Brie.

Les fromages fabriqués avec cette méthode ressemblaient à une version miniature du brie. Retenez : 1000 ans d'histoire entre les deux.

Brie : le fromage de Brie doit sa popularité première à une découverte de Charlemagne en 774 à son retour de Pavie séjournant au monastère de Reuil-en-Brie*). *Les religieux de Reuil-en-Brie reconnaissent comme fondateur du monastère Radon, frère de saint Ouen, trésorier des finances de Dagobert Ier et ancien maire de palais d'Austrasie. Brie veut dire plat comme son pays et une planche de boulanger.

Champagne : vient du vieux françois campaign qui donna campagne. La prononciation anglaise est donc cette fois correcte.

La différence entre le champagne et les autres vins à bulles ? Le goût est dans la bulle en Champagne. Pour les autres c'est un vin tranquille avec des bulles. Sparkling comme l'eau. « Con gas » c'est le Cava.

Mayonnaise : lyonnaise vient de Lyon, mayonnaise de Mayo*. *Majorca du latin insula maior « île la plus grande ». Mais par un chef français qui fit une sauce hollandaise.

Mais avec de l'huile, faute de beurre dans ces îles, pour le duc de Richelieu en 1756 (bataille de Minorque gagnée pour une fois par les Français contre les Anglais).

Ketchup : sauce chinoise 鮭汁. Tomato ketchup, sauce américaine comme la tomate.

Sauce américaine : de Sète, devenue armoricaine.

YHWH : tétragramme sacré que les Juifs ne prononcent pas mais remplacent par Adonaï* qui signifie « Seigneur ». *Origine de chardonnay, hébreu sha'-ar Adonaï, la porte de dieu (en akkadien Babilu, bâbâ Elaha ܐܠܗܐ pour l'araméen, et El est le cananéen de Babel), bâb en arabe, bâb Allâh. El et Yahweh n'étaient pas à l'origine la même divinité d'un point de vue sémitique comparatif. El était le patriarche et père des dieux cananéens. Yahweh était le dieu d'Israël (Jacob). À mesure que la religion des royaumes d'Israël et de Juda évoluait vers le monothéisme, les références plus anciennes à El étaient englobées dans l'identité du dieu unique de l'univers. Les chrétiens et les juifs modernes considèrent El et Yahweh comme synonymes, mais d'un point de vue historique, c'étaient des divinités distinctes, El étant le père.

INRI : Iesus Nazarenus Rex Iudaeorum, Jésus le Nazaréen roi des Juifs. Amen.

Frites : les frites ne sont pas belges mais parisiennes comme la pont-neuf double frite.

Madeleine : c'était la cuisinière de Stanislas à Commercy. On doit également à ce dernier l'Ali Baba au rhum.

Palestine : jusqu'en 1918, c'étaient les Turcs qui administraient une Palestine découpée. Personne ne s'en était offusqué ? La Palestine comptait 740000 habitants en 1914 dont un peu plus 10% de Juifs. Le conflit entre Juifs et Arabes oppose donc deux origines fondées sur des temporalités différentes. Mais les deux sont des usurpateurs.

Israël est le nom de Jacob et le royaume de David s'appelait Judée. Jésus ne pouvait pas être Juif puisque sa mère est vierge. Il est fils de dieu. Dieu est-il juif ? Il parle en araméen (futur arabe) mais prie en hébreux, comme sur la croix (Elohim, lama sabachtani et non Eli le prophète).

Tous les mêmes ces sémites. Ils se battent pour leur dieu sans le partager. Et les Arabes ne sont pas de la région. Qui a raison ? Dieu seul le sait.

Descartes : vous cherchez Descartes ? Ses dernières reliques (un tibia, un fémur) sont à Saint-Germain-des-Prés.

Coq : du latin gallus, le genre. Au sommet des églises, il représente le passage de l'obscurité à la lumière (Pour Pierre qui renia Jésus trois fois - il nia, Marc 14:66-72, avant le chant du coq qui chanta deux fois) mais c'est aussi le Gaulois, en latin Gallus majuscule. Alors on a créé rapidement le concept de coq gaulois pour écrire notre nouvelle histoire. Mais « Gallus gallus » est une espèce, le coq sauvage, doré, et non un gallus gallicus, et Gallus gallus domesticus en est la sous-espèce des basse-cours. En France, on s'arrange bien avec les chiffres et les noms.

On fait plus que franciser, on s'approprie des concepts et des origines, et de nombreux pays, principe même des nationalismes. Le nationalisme religieux ou racial est sans doute encore plus dangereux mais balayons d'abord nos paliers et passés. Il fallait gagner des guerres. Concept absurde par excellence mais qui est notre humanité un peu éloignée des dieux, multiples ou pluriels tel Elohim, ou non. Si dieu est nature, il est souvent impitoyable. Faut-il alors combattre Dieu comme Jacob ?

Je ne le crois pas, il faut aimer, et en cela je me découvre chaque jour un peu plus chrétien même si j'aime la foi du vrai islam des lumières. On voit très bien les étoiles du désert. J'aime cet Orient, chrétien, ou non.

Charlemagne : il n'a pas inventé l'école mais a ouvert les premiers centres d'études dont celui de Saint-Germain-des-Prés à Paris en 779. Jules Ferry non plus, la loi sur l'éducation telle que nous la connaissons, est de Chaptal alors ministre de l'Intérieur en 1802 après Lucien (loi générale sur l'instruction publique du 1er mai). Le Consulat avait du bon.

Paris : cité (oppidum) des Parisii réputés pour la pâleur des "Parisiennes". Lutetia (latinisation du gaulois Lutetos proche du Marais (Lutâ).

Saint-Sulpice (église) : initialement un temple égyptien construit du temps des Romains comme à Rome (Isis). Dans les prés, comme plus tard l'église de l'évêque Germain (Germanus) canonisé, Saint-Germain-des-Prés : plus ancienne église de Paris (558) mais aussi juste en face lieu de l'innovation : les frères Lumière, 22 mars 1895 première projection privée, le phonautographe 1860, première voix humaine restituée.

Proust : « cette essence n'était pas en moi, elle était moi. » Sa Madeleine.

Gogol : « les gens de moyenne noblesse, qui au premier relais se font servir du jambon, au second un cochon de lait, au troisième une darne d'esturgeon ou du saucisson à l'ail, pour ensuite, comme si de rien n'était, s'attabler à n'importe quelle heure et dévorer avec un bruyant et contagieux appétit une soupe au sterlet, à la lotte et aux laitances, accompagnée d'un vol-au-vent ou d'un pâté de silure, ces messieurs-là sont vraiment dignes d'envie et favorisés du ciel ! »

Platon : « ces paroles furent entendues, et tout le monde convint qu'il ne fallait pas consacrer cette réunion à s'enivrer ; on ne boirait que pour le plaisir. Aristodème. » Le Banquet.

Umami : en japonais, « bon à donner du goût ». Acides aminés ou nucléotides. E621, E627, E631.

Montmartre : l'existence de vignes à Montmartre est attestée dès 944 (annales du chanoine Flodoard de Reims). Les habitants de Montmartre, localité située alors hors Paris jusqu'en 1860 (le mur de Paris est alors à Pigalle), sont principalement laboureurs-vignerons.

Les vignes sont cultivées du sommet de la butte jusqu'aux plaines environnantes. Le vin de Montmartre est connu sous différentes appellations : le clos Berthaud, la Goutte d'or, le Sacalie (Sac à lie), la Sauvageonne ou encore un peu plus tard, « le Piccolo » nom importé par des taverniers italiens à la fin du XIXe siècle et ¼ de bouteille. De là, « piccoler » puis picoler.

Bistrot : le mot « bistro » remonte à 1814 et l'arrivée des cosaques au nord de Paris sur la butte de Montmartre un 30 mars fin de la bataille décisive de Paris, ordre pour qu'on leur serve rapidement à manger. Bistro, signifie en russe vite. Avant 1814, ce sont des relais, cafés, auberges ou hostelleries : le Procope (1686), la Tour d'Argent (1582), Lapérouse (1766) par Lefèvre limonadier du roi, rue François Miron à l'enseigne du Mouton vers 1300 au-delà de l'enceinte Philippe-Auguste ou l'Auberge du mouton blanc au village d'Auteuil à la sortie de Paris, ou des crèmeries, enseigne portée encore aujourd'hui par le Polidor devenu restaurant en 1845. Le mot restaurant s'impose en effet plus tard vers 1825, se restaurer, même si son origine est plus ancienne, comme en 1765, un marchand de bouillon nommé Boulanger : venez tous à moi (...) et je vous restaurerai.

Brasserie : les brasseries apparaissent à l'arrivée du train puis des brasseurs alsaciens après l'annexion prussienne. Bofinger en 1864 est l'une des premières à la gare de la Bastille ouverte en 1859, Lipp en 1880.

Bouillons : les premiers bouillons en tant que restaurants apparaissent en 1854 grâce à un astucieux boucher, Pierre-Louis Duval, qui propose un plat unique de viande et un bouillon aux travailleurs des Halles. Le principe connaît un immense succès et en 1900 on compte près de 250 bouillons à Paris. Ils deviennent la première chaîne de restauration populaire.

Fillette : on appelait fillette la demi-bouteille (Anjou) ou 35 cl. Plus que grivois. Licencieux. C'est encore le cas à Lyon. Le pot lyonnais lui est de 46 cl. Au XVIe siècle, il se nomme déjà le pot et contient 2,08 litres, réduits au siècle suivant à la moitié. En 1843, il est ramené à 46 cl (une ½ pinte ou chopine de l'allemand schoppen), en dépit du système métrique institué à la Révolution. Cette mesure déclenche la grogne du peuple qui veut continuer « à boire à sa soif et à l'ancien prix », le fond épais qui lui assure sa stabilité sert alors à compenser les 4 cl qui lui manquent pour arriver à 50 cl. Ce fond lui vaut le surnom de « gros cul ». Une des coutumes des « bouchons » lyonnais était de compter les pots en mètre linéaire consommé (14 pots le mètre).

Ume : Prunus mume à tort dénommé "abricotier", du Japon. Ingrédient principal de l'umeshu. Pour s'en rapprocher un peu, dans un bocal hermétique de 1 l mettre 400 g d'abricots séchés, si possible bios, avec une bouteille de 72 cl de saké. Laissez macérer quelques mois. C'est un début peu cher pour la maison, des prunes reine-claude fraîches étant en revanche idéales. Pour un « sparkling sake » maison, prenez un genshu, saké non dilué, et complétez à la St-Yorre. Cette dernière est très agréable aussi dans du thé vert, les bulles développant ses arômes.

Mistelles : de l'italien misto « mélangé », sont des apéritifs obtenus par le mélange de jus de fruits non fermentés (raisins ou autres fruits) et d'alcool. Ratafia*, Pineau**, Umeshu, (*pax rata fiat, la paix est faite), carthagène ou macvin, de l'ancien français maquer, écraser ou marc-vin. **Pineau des Charentes : en 1589, un vigneron charentais dénommé Pineau verse par erreur du moût de raisin dans une barrique qui contenait encore du cognac. Le pineau est né.

Sisu : étymologiquement, « sisu » dérive d'un vocable finnois qui comporte la notion d'intérieur ou intériorité. C'est pourquoi le terme est souvent traduit par « force intérieure ». Le refus de mourir en est une. Alors soyons sisu.

Shu ou Saké : vin jaune de riz chinois, vin de Shaoxing, province chinoise dans laquelle il est élaboré, Shaoxing jiu / huang jiu. 酒 : le caractère jiu prononcé à la mode chinoise donna shu en japonais, à la mode japonaise saké.

Tournedos Rossini : « je vous tourne le dos », très impoli et origine du tournedos Rossini. Le maître demanda au chef Dugléré de lui apposer un foie gras poêlé sur son chateaubriand. Furieux, Adolphe Dugléré lui tourne le dos avant de le servir, le maître oblige.

Fanta : boisson pétillante 100% made in troisième Reich. Guerre oblige, l'Allemagne est privée du sirop nécessaire à la fabrication du Coca-Cola pour ses 43 usines. Max Keith responsable de la filiale germanique de Coca invente un nouveau soda composé uniquement de produits alors disponibles. La formule varie, mais on y trouve presque toujours de la pulpe de pomme (issue de la production du cidre). Keith baptise son produit Fanta, de fantasie, genre littéraire proche du merveilleux rattaché aux littératures de l'imaginaire. Les mondes de la fantasie, ou fantasy, sont en général marqués par une division absolue entre le bien et le mal qui implique l'existence de forces entre lesquelles la seule relation possible est la guerre.

Umami-II : le 5ème goût. Exhausteurs neurotransmetteurs naturels ou non. Le plus connu est le glutamate ou MSG en anglais pour monosodium glutamate.

Maître Albert : philosophe et théologien Albert le Grand (1193-1280), saint patron des scientifiques et savants qui enseigna aux étudiants de toute l'Europe au Quartier latin. La contraction de Maître Albert donna Maubert.

Le saint se signala pour la rédaction de deux ouvrages de magie noire et blanche : le Grand Albert et le Petit Albert. La magie n'est pas défendue ni mauvaise puisque par sa connaissance on peut éviter le mal et faire le bien. On loue son effet par sa fin. Si on veut se faire aimer d'un homme ou d'une femme, on se frottera les mains du jus de verveine, et ensuite on touchera celui qu'on voudra amouracher.

Les nourrices avec de leur salive guérissent toutes les inflammations. Pour empêcher que les serpents ne fassent aucun mal quand on marche par les campagnes, on prendra des feuilles de fraisier que l'on se mettra autour du corps.

Glycérol : le glycérol ou glycérine est un composé non volatil dépourvu de propriétés aromatiques qui contribue à la qualité du vin en lui conférant moelleux et rondeur. Il s'agit d'un métabolite d'alcool à trois atomes de carbone liés de manière covalente à un groupe hydroxyle.

Il s'apparente à un sucre qui à température ambiante est sirupeux. D'un point de vue quantitatif, il s'agit du principal sous-produit de la fermentation alcoolique après l'éthanol et le dioxyde de carbone (CO_2) carbon dioxide. Il contribue à l'onctuosité, à la texture et au volume du vin. Les vins manquant de corps peuvent tirer profit d'une production accrue de glycérol pour améliorer leurs caractéristiques sensorielles.

Bosra : capitale de la province romaine d'Arabie du royaume nabatéen depuis 106 sous Trajan, étape de l'ancienne route caravanière de La Mecque. Théâtre antique de Bosra presque deux fois plus grand que celui d'Orange. 2600 km à pied de La Mecque aller et retour. 120 km au sud de Damas. Avec le Nazaréen et oncle paternel Abû Tâlib, père de son futur gendre et neveu Ali : Nasârâ Bahîra lui demanda la permission de regarder entre ses épaules. Après avoir vu le grain de beauté entre les deux épaules, Bahîra, le prêtre nazaréen, murmura : " **c'est lui !** "

Dégustation : Jules Guyot 1860. Le véritable amateur, le gourmet sait très bien regarder et odorer le vin, mais il sait aussi que ces deux temps doivent être **immédiatement** suivis de l'introduction du liquide dans l'avant bouche.

La couleur et l'odeur sont deux notes introductives d'un thème gastronomique. Culture de la vigne et vinification.

Galilée : 1894. Aux approches de Nazareth et de la mer de Tibériade, le fantôme ineffable du Christ deux ou trois fois s'est montré, errant, presque insaisissable, sur le tapis infini des lins roses et des pâles marguerites jaunes - et je l'ai laissé fuir, entre mes mots trop lourds.

Nous entrevoyons bien les lugubres avenirs, les âges noirs qui vont commencer après la mort des grands rêves célestes, **les démocraties tyranniques et effroyables,** où les désolés ne sauront même plus ce qu'était la prière.
Pierre Loti.

Philistins : Philistini, pluriel et variante en latin tardif et biblique du latin classique Palaestinus (de Palaestina), peuple du littoral cananéen (actuelle Gaza, celle de Goliath). Singuliers : Samaritanus, Samaritain, publicanus, publicain (percepteur des impôts), Sameritanus, du Marais.

Chiens : « plus je connais les hommes, plus j'aime les chiens. » Madame de Staël, fille unique de Necker.

Thé et saké : quel est leur point commun ? é.

Mélomanes : arrêtez vos salades, Mozart est là.

20

Cancer : l'avantage avec le cancer, c'est qu'on a selon les chiffres une chance sur deux d'y passer. C'est moins risqué que la vie.

Curés : les curés sont-ils de bons garagistes ? Oui, ils savent démonter les scouts et bien les vidanger.

Araméen : Elahi, Elahi, lema sabaqthani, Elohim est en hébreu, lama est lema. Éloï, Éloï, (Elohim) lama sabaqthani ? Il n'appelle pas le prophète Élie (Marc 15-35). Jésus prie en hébreu.

Champagne Lavergne Brut

Milton Keynes UK
Ingram Content Group UK Ltd.
UKHW020009151124
451207UK00018B/207